Apprendre le Français 2

niveau 1 : basique

Activités de vocabulaire pour les enfants

ARTHWR BASS

Digital Creative Publishing

Éditeur
Vanessa Lozada Gil

Auteur
Arthwr Bass

Éditorial
DCPLibros Digital Creative Publishing

Illustrations et photographies
Digital Creative Publishing
Images libres de droits (images FFCU)
- Created by Freepik, www.freepik.com
(Crédits à l'auteur respectif dans chaque image)

Image: Freepik.com

Table des matières

Parties du corps

Lisez à haute voix en pointant les parties indiquées sur votre visage.

LA TÊTE

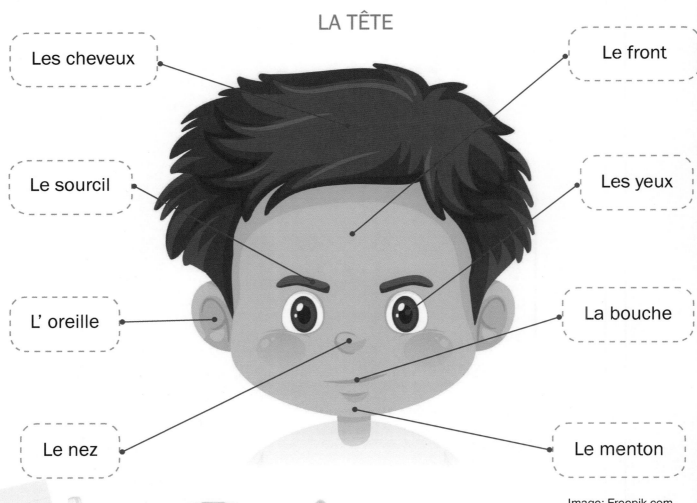

Les cheveux

Le front

Le sourcil

Les yeux

L' oreille

La bouche

Le nez

Le menton

Image: Freepik.com

Lisez et mémorisez les parties du corps.

LE CORPS

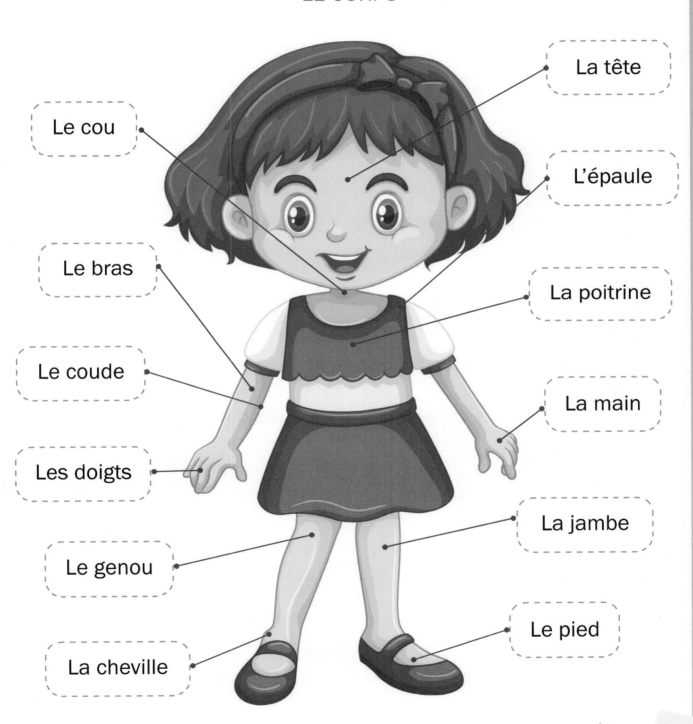

La tête

Le cou

L'épaule

Le bras

La poitrine

Le coude

La main

Les doigts

La jambe

Le genou

Le pied

La cheville

Image: Freepik.com

Trouvez les parties du corps dans la soupe à l'alphabet.

Tête
Cheveux
Sourcil
Oreille
Nez
Front
Yeux
Bouche
Menton
Cou
Bras
Coude
Doigts
Genou
Cheville
Épaule
Poitrine
Main
Jambe
Pied

T	Y	U	C	O	U	D	E	D	F	G	H	Y	T	R
Q	W	E	D	S	A	F	R	O	N	T	X	M	O	C
B	E	Y	U	I	O	P	L	K	J	H	G	A	R	V
R	B	N	E	Z	R	E	E	V	B	N	F	I	E	D
A	M	X	C	D	S	E	W	L	S	B	X	N	I	S
S	A	C	T	E	T	E	P	B	L	V	U	B	L	T
Y	J	E	N	I	R	T	I	O	P	I	E	F	L	G
T	G	E	N	O	U	T	E	U	E	R	V	G	E	I
R	T	Y	U	H	J	G	D	C	D	F	E	E	Y	O
E	P	A	U	L	E	I	A	H	T	C	H	G	H	D
E	R	Y	E	U	X	C	V	E	R	E	C	Y	U	C
C	O	U	Q	W	E	R	T	T	Y	U	I	H	G	F
T	Y	U	L	I	C	R	U	O	S	X	C	V	B	G
E	R	H	J	K	M	L	O	I	N	O	T	N	E	M

Associez les images à la bonne partie du corps.

Le pied

Le nez

La main

L'oreille

La bouche

Les yeux

Image: Freepik.com

Écrivez les parties du corps indiquées.

Entourez la bonne partie du corps selon l'image.

La tête

Le nez

La jambe

La cheville

La main

Le pied

La tête

Le genou

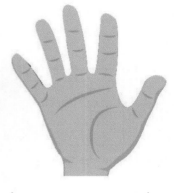

Le menton

Le pied

La main

La bouche

La jambe

La poitrine

Les doigts

Le pied

L'épaule

Le cou

Les yeux

Le front

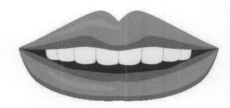

Le coude

La bouche

La main

Le nez

Remplissez les lettres manquantes des mots.

Dessinez les parties du corps indiquées.

LE B_AS

LA TÊ_E

LA CHE_ILL_

LE FR_NT

LES C_EVE_X

LE C_U

L_ GEN_U

LA POI_RIN_

L_ JAMB_

LA _AIN

LE C_UDE

L' OR_IL_E

LE _OUR_IL

LES _EUX

L'ÉP_ULE

LA BO_CHE

L_ NEZ

LES _OIGTS

LE ME_TON

Le bras	La bouche
Les cheveux	Le nez
Les doigts	La main

La famille

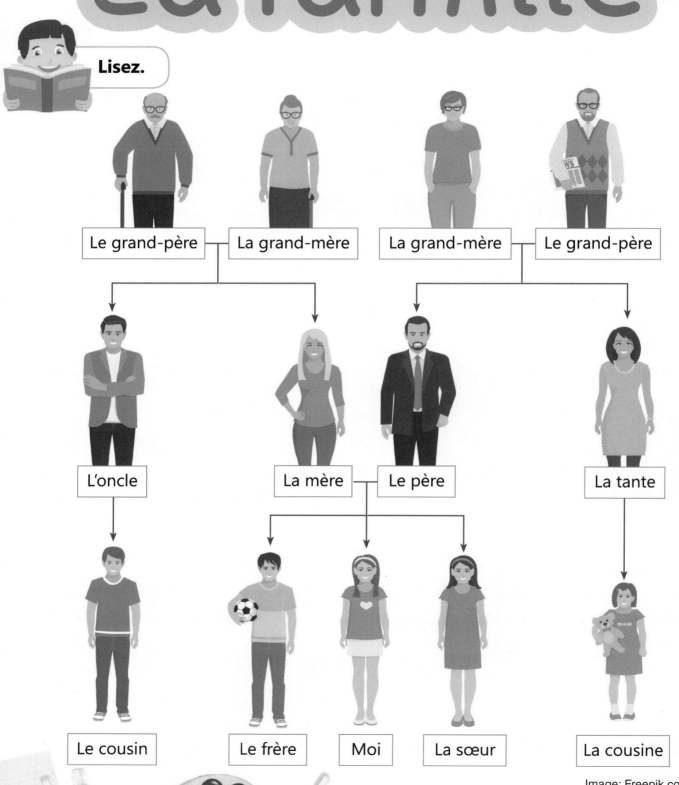

| Le grand-père | La grand-mère | La grand-mère | Le grand-père |

| L'oncle | La mère | Le père | La tante |

| Le cousin | Le frère | Moi | La sœur | La cousine |

Image: Freepik.com

10

Complétez l'arbre généalogique en dessinant les membres de votre famille et en écrivant leurs noms.

Un arbre généalogique est un schéma qui représente la progéniture d'une famille de manière ordonnée.

Image: Freepik.com

Lisez.

FRÈRES ET SŒURS

Le frère aîné

Moi

La sœur aînée

Le petit frère

La petite sœur

Associez les images aux mots corrects.

Frère

Sœur

Aîné

Petit

Aînée

Petite

Trouvez les membres de la famille dans la soupe à l'alphabet.

Sœur
Tante
Grand-mère
Cousine
Petit
Père
Grand-père
Mère
Aînée
Moi
Frère
Oncle

E	R	T	A	I	N	E	E	T	Y	H
S	D	E	R	E	P	D	N	A	R	G
A	E	S	O	E	U	R	C	V	B	T
Y	R	U	I	O	N	C	L	E	T	I
U	E	I	A	D	F	G	H	J	K	T
P	M	O	I	E	R	E	M	B	G	E
W	D	E	N	E	T	A	N	T	E	P
I	N	Y	U	R	I	O	P	E	R	T
O	A	C	V	E	T	E	R	E	R	F
M	R	E	R	P	C	R	T	Y	U	I
Y	G	T	Y	C	O	U	S	I	N	E

Lisez et marquez dans la case (✓) si elle est correcte, ou (✗) sinon. Si ce n'est pas le cas, notez-le correctement.

Sœure ✗
Sœur

Mèrel ☐
_____

Cousine ☐
_____

Père ☐
_____

Frère ☐
_____

Granti-mère ☐
_____

Tantel ☐
_____

Oncle ☐
_____

Grand-père ☐
_____

Regardez l'image et écrivez dans les blancs le nom du membre de la famille indiqué.

Image: Freepik.com

Suivez et tracez le chemin jusqu'au nom du membre de la famille selon l'image précédente.

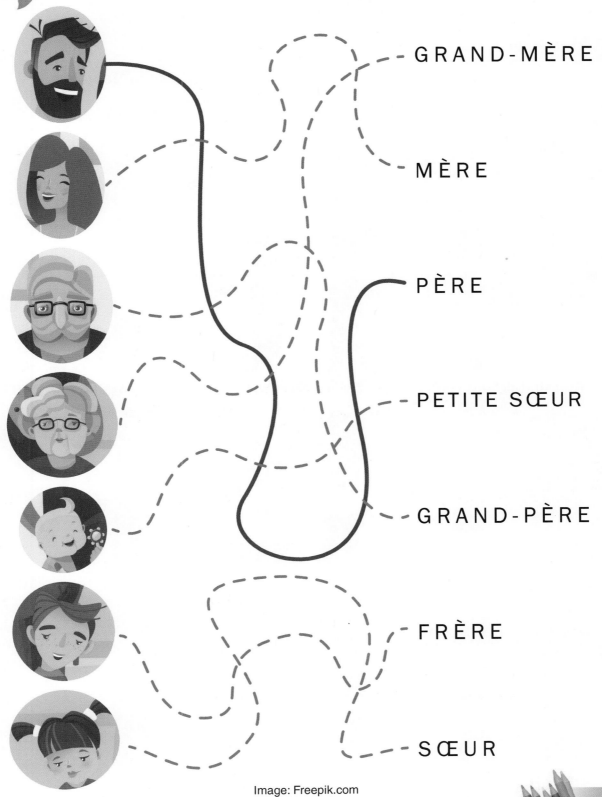

GRAND-MÈRE

MÈRE

PÈRE

PETITE SŒUR

GRAND-PÈRE

FRÈRE

SŒUR

Image: Freepik.com

15

Professions

Le masculin et le féminin des professions

Lisez.

Masculin		Féminin	
-ien	-teur	-ienne	-trice*
-er	-iste	-ère	-iste
-eur	-e	-euse	-e

Chirurgienne/chirurgien

Policier/policière

Professeure/professeur

Artiste

Journaliste

Cuisinier/cuisinière

Fermier/fermière

Pitre

Athlète

Image: Freepik.com

Regardez les images et lisez. Le cercle rose indique les professions féminines, le cercle bleu indique les professions masculines.

- Banquier
- Banquière

- Chercheur
- Chercheuse

- Cuisinier
- Cuisinière

- Infirmier
- Infirmière

- Conducteur
- Conductrice

- Fermier
- Fermière

- Écrivain
- Écrivaine

- Ingénieur
- Femme ingénieur

- Employé
- Employée

- Designer
- Designer

- Pompier
- Femme pompier

- Médecin
- Médecin

- Juge
- Juge

- Gouverneur
- Gouverneure

- Scientifique
- Scientifique

- Acteur
- Actrice

Lisez et marquez dans la case (✓) si elle est correcte, ou (✗) sinon. Si ce n'est pas le cas, notez-le correctement.

Remplissez les lettres manquantes des mots.

Banquierter

Banquier ✗

Designer

_____

Infirmièrem

_____

Professeur

_____

Fermpière

_____

Gouverneure

_____

Chercheur

_____

E M P L _ Y É

P O L I _ C I È R E

C _ N D U _ T E U R

A C _ R I C E

P _ T R E

J U G _

P O M _ I E R

M _ D E C I N

I N G É _ I E U R

A T _ L È T E

C U I S _ N I E R

C H _ R C H _ U S E

C O _ D U _ T R I C E

C H I _ U R G I E N

A R T I _ T E

É C _ I V A I N E

F E R _ I E R

S C _ N T _ F I Q U E

Regardez les images et écrivez le nom de l'emploi ou de la profession indiqué.

_____   _____   _____   _____

_____   _____   _____   _____

_____   _____   _____   _____

Résolvez le puzzle et trouvez le mot mystère.

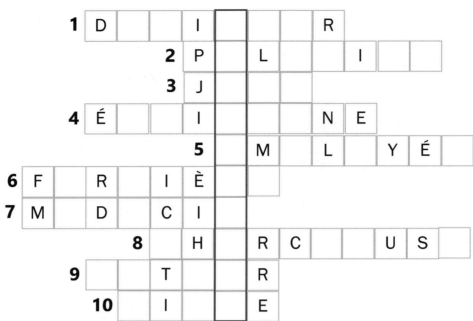

```
1   D       I       |       R
        2   P       L       | I   |
        3   J
    4   É       I           N   E
            5       M       L       Y   É
6   F       R   I   È       |
7   M       D   C   I       |
        8       H       R   C       U   S
    9           T       R
        10      I       E
```

1. Designer
2. Policier
3. Juge
4. Écrivaine
5. Employée

6. Fermière
7. Médecin
8. Chercheuse
9. Acteur
10. Pitre

Complétez les phrases avec les professions des membres de votre famille.

N'oubliez pas de rechercher les mots inconnus dans le dictionnaire.

Mon père _____

Ma mère _____

Mon grand père _____

Image: Freepik.com

 **Lisez.**

 **Bonjour! je suis une femme médecin**

 **Bonjour! je suis un cuisinier**

Salut! Je suis un artiste

Salut! Je suis infirmière

Bonjour! je suis journaliste

 **Salut! je suis un employé**

Associez les images avec les mots corrects selon l'image précédente.

Infirmière

Employé

Artiste

Journaliste

Médecin

Cuisinier

Image: Freepik.com

21

Nourriture et boissons

Lisez.

LES ALIMENTS
D'ORIGINE VÉGÉTALE

La salade

Le riz

Les lentilles

Les haricots

Les croûtons

Le pain

Les cacahuètes

Les rouleaux à
la cannelle

La baguette

Le pain grillé

Le croissant

L'omelette de
pomme de
terre

L' huile

Les céréales

Les champignons

Image: Freepik.com

LES ALIMENTS D'ORIGINE ANIMALE

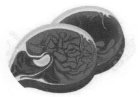

Le filet

La saucisse

Le bacon

Le jambon

Les boulettes de viande

Le fromage

Le salami

La côtelette

La crevette

L'œuf

Les côtes de porc

Le poisson

Le saumon

L'huître

MAIN DISHES

Le sushi

La lasagne

La paëlla

La soupe

Le gaspacho

Les cannelloni

Les spaghetti

Les nachos

L' hamburger

Les frites

Le poulet frit

L'hot-dog

Le ketchup

La pizza

Les chips

Les rondelles d'oignon

La moutarde

Les pépites de poulet

La brochette

Le sandwich

Les tacos

Les tapas

Le maïs soufflé

Les ailes de poulet épicées

Le burrito

La empanada

LES DESSERTS

Le beignet

Le chocolat

Le gâteau

Le macaron

La crêpe

Le petit gâteau

Le biscuit

La crème glacée

La gaufre

Les churros

Le rouleau suisse

Le flan

LES BOISSONS

Le café

Le yaourt

Le coca

Le jus

Le lait d'avoine

Le vin

La limonade

Le thé

L'eau

Le milkshake

Le lait

Trouvez les mots dans la soupe à l'alphabet.

Huile Salami Cannellonis Beignet
Filet Poisson Spaghetti Chocolat
Saucisse Saumon Gaspacho Gâteau
Lard Huître Brochette Macaron
Jambon Côtes Tapas Crêpe
Crevette Sushi Pain Frites
Côtelette Paëlla Riz Biscuit
Fromage Soupe Burrito Gaufre
Œuf Lasagne Empanada Churros

E	E	R	F	U	A	G	S	P	A	G	H	E	T	T	I	F	G
C	H	U	R	R	O	S	U	W	G	D	S	E	T	I	R	F	P
S	D	F	T	I	U	C	S	I	B	A	R	T	Y	E	U	I	O
A	C	O	T	E	S	C	H	F	G	H	S	R	T	P	E	R	I
S	S	D	F	G	H	R	I	Z	C	V	E	P	S	E	R	D	S
I	E	N	G	A	S	A	L	T	Y	U	I	G	A	R	T	Y	S
N	S	B	R	S	M	A	C	A	R	O	N	W	A	C	V	B	O
O	X	U	A	A	T	Y	U	I	O	S	G	H	J	M	H	D	N
L	R	R	H	U	I	T	R	E	R	O	T	Y	U	I	O	O	F
L	Y	R	U	C	U	I	O	P	H	U	I	L	E	R	T	R	G
E	D	I	C	I	Y	U	I	O	P	P	G	H	J	T	B	T	F
N	I	T	B	S	U	I	O	N	R	E	T	Y	U	E	E	F	B
N	M	O	D	S	C	H	O	C	O	L	A	T	I	L	I	E	R
A	A	G	H	E	F	M	Y	U	F	R	N	U	Y	I	G	T	O
C	L	G	H	F	U	Y	U	U	I	O	I	I	A	F	N	T	C
G	A	T	E	A	U	C	E	V	B	P	A	R	L	E	E	E	H
D	S	F	S	S	E	O	R	T	U	I	P	O	L	P	T	V	E
A	D	A	N	A	P	M	E	L	A	R	D	C	E	D	F	E	T
C	O	T	E	L	E	T	T	E	T	S	A	P	A	T	Y	R	T
S	D	F	N	O	B	M	A	J	Y	U	I	O	P	Y	T	C	E

26

Associez les images aux mots corrects.

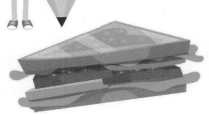

L' hamburger

Le café

Les ailes de
poulet épicées

Le sandwich

Le coca

Les tacos

La pizza

Les frites

Le beignet

L'hot-dog

Regardez les images et écrivez le nom de la nourriture ou de la boisson indiquée.

_____ _____ _____ _____ _____

_____ _____ _____ _____ _____

Remplissez les lettres manquantes des mots.

	C R _ V E _ T E	L I M O _ A D E
	H A R I _ O T S	Y A O _ R T
	S _ U C I _ S E	C _ O Û T _ N S
G A S P _ C H O	H U _ L E	G A U F R _
S P _ G H E _ T I	C H A _ P I G _ O N S	B I S _ U I T
L A S A _ N E	B A G U E T _ E	M _ C A R _ N
P A Ë L _ A	C A C _ H U È T E S	E M _ A N A _ A S
C Ô _ E L E _ T E	S A L A _ E	C R Ê P _
S A U _ O N	L _ N T I _ L E S	G A _ P A C _ O
Œ U _	M _ L K _ H A K E	C H O _ O L A T

Image: Freepik.com

Écrivez les aliments indiqués.

Image: Freepik.com

Vêtements

 **Lisez.**

L'HIVER

Le manteau

Le gilet

Le sweat à capuche

Le bonnet

Le pull

Les gants

L'écharpe

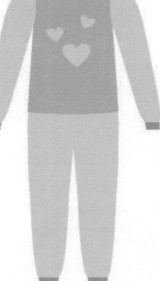

Le pyjama

Le pantalon

Les bottes

Les chaussettes

Image: Freepik.com

30

Le chapeau

Les lunettes de soleil

La chemise

Le maillot de bain

Le tee-shirt

Les maillots de corps

Les tongs

Les shorts

Le sac a main

Le jean

La jupe

La robe

La salopette

Les chaussures

Les talons

Remplissez les lettres manquantes des mots.

Lisez et marquez dans la case (✓) si elle est correcte, ou (✗) sinon. Si ce n'est pas le cas, notez-le correctement.

S A L _ P E _ T E

T A L O _ S

C _ A U _ S U R E S

R O _ E

J E A _

T E E - S H _ R T

T O _ G S

M _ I L L _ T S

C O R _ S

C H _ P E A U

B _ I N

L U N _ T T E S

S O _ E I L

P A N _ A L O N

C H _ U S S E _ T E S

P Y _ A M A

G A _ T S

M _ N T E A U

B O T _ E S

Chemissel	✗
Chemise	
_____	
Shorts	
_____	
Maillot d baim	
_____	
Lunet de suleil	
_____	
Tongs	
_____	
Gilet	
_____	
Chauseles	
_____	

Écrivez tous les vêtements que vous voyez dans l'image.

_____   _____   _____

_____   _____   _____

_____   _____   _____

Associez les images aux mots corrects.

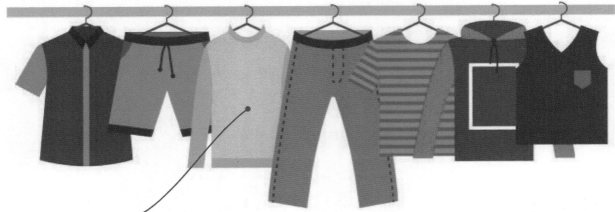

Pantalon   Pull   Shorts   Chemise   Sweat à capuche   Tee-shirt   Robe

Trouvez les mots dans la soupe à l'alphabet.

Bonnet
Gants
Écharpe
Pull
Bottes
Chaussettes
Pyjamas
Pantalon
Chapeau
Lunettes
Chemise
Main
Tongs
Chaussures
Jupe

R	T	C	H	A	U	S	S	U	R	E	S
Q	W	H	S	P	Y	J	A	M	A	S	S
R	T	E	F	G	H	J	K	L	O	I	P
S	E	M	S	E	T	T	E	N	U	L	U
E	D	I	Y	U	I	T	R	T	Y	U	L
T	T	S	U	E	B	O	N	N	E	T	L
T	G	E	A	D	R	N	Y	U	I	O	N
E	A	D	E	V	B	G	G	H	J	F	O
S	N	Z	P	Q	W	S	D	D	U	Y	L
S	T	E	A	S	E	T	T	O	B	S	A
U	S	T	H	Y	U	I	K	J	H	N	T
A	W	E	C	S	J	U	P	E	G	I	N
H	R	T	E	P	R	A	H	C	E	A	A
C	I	O	P	I	U	Y	T	R	E	M	P

Dessinez les vêtements indiqués.

Les talons	La salopette	Le jean
Le maillot de bain	Le sweat à capuche	Le chapeau

À la maison

Lisez les pièces de la maison.

Le grenier

Les escaliers

Le bureau

La chambre

La salle de bain

Le garage

La cuisine

La salle à manger

Le salon

La piscine

Le sous-sol

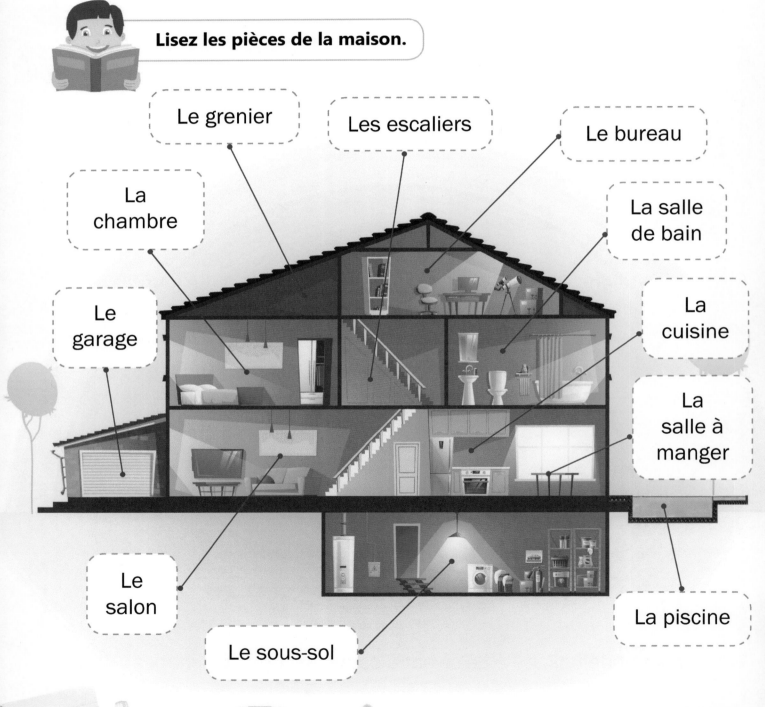

Image: Freepik.com

36

Lisez les objets et les meubles de la maison.

Les rayons de bibliothèque

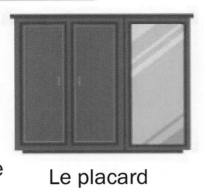
La lampe

Le placard

La machine à laver

Le réfrigérateur

L'étagère

La cuisinière

Le lave-vaisselle

La coiffeuse

Le fauteuil

La table de nuit

La commode

Le pupitre

L'évier

La douche

Le four à micro-ondes

La chaise

La table

Le lit

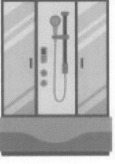
Le lavabo

La baignoire

La toilette

Le miroir

Image: Freepik.com

Écrivez les parties de la maison qui sont indiqués dans les images.

_____

_____

_____

_____

Trouvez les parties de la maison des images précédentes dans la soupe à l'alphabet.

A	G	H	Y	T	R	E	E	R	T	Y	U	I	H	J	G
R	H	J	U	Y	R	B	N	H	G	N	F	R	E	W	F
S	D	X	D	B	Y	U	I	O	P	I	O	E	R	W	Q
B	N	J	M	U	I	O	U	Y	T	R	E	L	F	G	H
D	F	A	A	T	C	U	I	S	I	N	E	D	A	W	S
W	H	E	R	Y	U	I	O	P	K	J	H	G	F	S	W
C	A	S	D	F	G	H	U	A	E	R	U	B	W	E	R

Écrivez les objets et les meubles de la maison d'après les images.

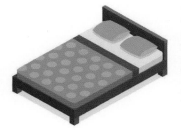

_____   _____   _____   _____

_____   _____   _____   _____

_____   _____   _____   _____

_____   _____   _____   _____

Lisez les tâches ménagères.

Nettoyer le sol

Jeter la poubelle

Balayer

Faire la vaisselle

Passer l'aspirateur

Arroser les plantes

Ratisser les feuilles

Nettoyer

Laver les vitres

Faire le linge

Ranger

Ranger les jouets

Nettoie la salle de bain

Image: Freepik.com

40

Associez l'image à la bonne tâche ménagère.

Ratisser les feuilles

Arroser les plantes

Laver les vitres

Balayer

Nettoyer

Ranger

Nettoyer le sol

Jeter la poubelle

Image: Freepik.com

41

Animaux de la jungle

Regardez les images et lisez.

Le raton laveur

Le renne

Le loup

L'éléphant

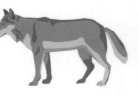
Le serpent

Les rhinocéros

L'hippopotame

Le zèbre

La girafe

L'ours

Le jaguar

Le singe

Le tigre

Le lion

Le renard

Le castor

Le crocodile

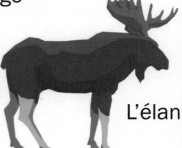
L'élan

Image: Freepik.com

Trouvez les mots de la liste dans la soupe à l'alphabet.

Loup
Éléphant
Raton
Serpent
Renne
Girafe
Zèbre
Hippopotame
Rhinocéros
Jaguar
Singe
Tigre
Renard
Lion
Élan
Ours

E	R	T	Y	U	G	D	R	A	N	E	R
D	H	S	D	N	O	I	L	H	J	U	Y
V	I	S	C	V	O	U	R	S	E	R	S
F	P	O	S	L	O	U	P	A	T	Y	U
H	P	R	T	I	G	R	E	Z	F	R	T
Y	O	E	V	N	J	Y	U	I	O	E	E
U	P	C	S	E	A	Q	W	E	E	G	R
N	O	O	S	L	G	H	C	N	V	N	B
O	T	N	R	A	U	T	P	N	X	I	E
T	A	I	T	N	A	G	H	E	C	S	Z
A	M	H	S	A	R	Z	J	R	L	F	G
R	E	R	X	C	T	N	E	P	R	E	S

Écrivez le nom de chaque animal.

1. _La girafe_

2. _____

3. _____

4. _____

5. _____

Image: Freepik.com

43

Associez les images avec l'animal respectif.

Le lion

Le crocodile

Le jaguar

Le serpent

L'éléphant

Les rhinocéros

Le zèbre

L'hippopotame

L'ours

Le renne

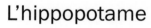

Complétez les lettres manquantes des mots.

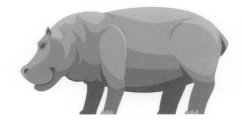

LI _ N

HI _ POP _ TAME

TI _ R _

ZÈ _ RE

RHI _ OCÉROS

ÉLÉ _ HANT

SIN _ E

CRO _ ODI _ E

GIR _ FE

Image: Freepik.com

Dessinez les animaux indiqués.

Le serpent	Le singe	Le raton laveur
Le loup	Le castor	Le crocodile

Encerclez le bon animal.

Zèbre

~~Raton laveur~~

Lion

Crocodile

Serpent

Ours

Hippopotame

Renne

Singe

Castor

Loup

Girafe

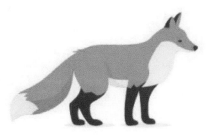

Girafe

Éléphant

Castor

Renard

Renne

Jaguar

Serpent

Lion

Castor

Ours

Lion

Renne

Image: Freepik.com

Pays du monde

Regardez les drapeaux et lisez le nom de chaque pays.

 Suriname

 Pérou

 Uruguay

 Venezuela

 Paraguay

 Guyane

 Colombie

 Chili

 Brésil

 Bolivie

 Argentine

 États-Unis

 Tuvalu

 Trinité-et-Tobago

 Équateur

 Tonga

 Vanuatu

 Australie

 Fidji

 Kiribati

 Îles Marshall

 Micronésie

 Nauru

 Nouvelle-Zélande

Palau

 Papouasie-Nouvelle-Guinée

 Samoa

 Îles Salomon

 Sainte-Lucie

 Saint-Christophe-et-Niévès

 Nicaragua

 Mexique

 Jamaïque

 Honduras

 Haïti

 Guatemala

 Grenade

 Salvador

 République dominicaine

 Dominique

 Cuba

 Costa Rica

 Serbie

 Slovaquie

 Slovénie

 Espagne

 Suède

 Suisse

 Ukraine

 Royaume-Uni

 Cité du Vatican

 Antigua-et-Barbuda

 Bahamas

 Barbade

 Belize

 Canada

Saint-Marin

Roumanie

 Portugal

Pologne

 Norvège

Pays-Bas

 Monténégro

Monaco

 Moldavie

Malte

Macédoine
du Nord

 Luxembourg

Lituanie

 Liechtenstein

Croatie

 Chypre

République
tchèque

 Danemark

Finlande

France

 Géorgie

 Allemagne

Grèce

 Hongrie

 Islande

 Irlande

 Italie

 Lettonie

 Bosnie-
Herzégovine

 Belgique

 Biélorussie

 Azerbaïdjan

 Autriche

 Arménie

Moldavie	Albanie	Viêt Nam	Ouzbékistan	Émirats Arabes
Maldives	Mongolie	Pakistan	Philippines	Qatar
Russie	Arabie saoudite	Singapour	Sri Lanka	Syrie
Thaïlande	Turquie	Malaisie	Laos	Corée du Sud
Corée du Nord	Jordan	Japon	Irak	Iran
Indonésie	Inde	Congo	Guinée équatoriale	Égypte
République démocratique du Congo	Afghanistan	Bhoutan	Cambodge	Chine

Timor oriental

République centrafricaine

Cap-Vert

Cameroun

Burundi

Burkina Faso

Botswana

Bénin

Angola

Algérie

Zimbabwe

Zambie

Ouganda

Tunisie

Togo

Namibie

Niger

Nigeria

Rwanda

Sénégal

Sierra Leone

Somalie

Afrique du Sud

Soudan du Sud

Soudan

Esuatino

Tanzanie

Mozambique

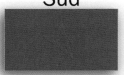

Maroc

Mali

Malawi

Madagascar

Libye

Kenya

Népal

PAYS ET LEURS MONUMENTS

Japon

Espagne

Inde

France

Belgique

Allemagne

Pays-Bas

Angleterre

États Unis

Russie

  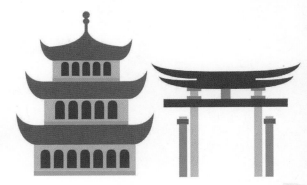

Italie

Mexique

Chine

Image: Freepik.com

Printed in Great Britain
by Amazon